CONCEITO DA ESTRATÉGIA DO OCEANO AZUL

Alcançar o sucesso através da inovação e tornar a concorrência irrelevante

50MINUTES.com

CONCEITO DA ESTRATÉGIA DO OCEANO AZUL

Alcançar o sucesso através da inovação e tornar a concorrência irrelevante

escrito por Pierre Pichère
traduzido por Alva Silva

50MINUTES.com

CONCEITO DA ESTRATÉGIA DO OCEANO AZUL

PONTOS-CHAVE

- **Nome:** Estratégia do Oceano Azul.

- **Utilizações:** Negócios, marketing e inovação.

- **Por que é bem-sucedido?** Afasta o negócio da concorrência, garante o desempenho e pode ser adaptado a qualquer setor.

- **Palavras-chave:** oceano azul, oceano vermelho, estratégia, inovação, criação de novos espaços estratégicos, concorrência, negócios.

  - <u>W. Chan Kim</u> (nascido em 1952) é membro do Fórum Econômico Mundial em Davos e é considerado pela *Harvard Business Review* como um dos mais influentes pensadores em gestão e negócios. Ele codirige o Instituto de Estratégia do Oceano Azul no INSEAD (Instituto Europeu de Administração de Empresas) juntamente com Renée Mauborgne, onde também trabalha como professor.

  - <u>Renée Mauborgne</u> (nascida em 1963) é uma professora de estratégia de renome e codiretora do Instituto de Estratégia do Oceano Azul. Em 2013, foi nomeada uma das cinco melhores professoras dos programas de MBA e recebeu o prêmio Carl S. Sloane for Excellence um ano mais tarde, atribuído pela *Association of Management Consulting Firms* pela excelência na investigação.

INTRODUÇÃO

No atual ambiente empresarial internacional em rápida mudança, a criatividade está em tornar-se a chave para o desempenho a longo prazo. A necessidade de novas perspectivas nas políticas de inovação das empresas leva a ideias revolucionárias. A estratégia do oceano azul ilustra isto perfeitamente.

História

Esta estratégia, definida em 2005 por W. Chan Kim e Renée Mauborgne, no seu livro *Blue Ocean Strategy: How to Create Uncontested Market Space and Make the Competition Irrelevant*, traduzido como *A Estratégia do Oceano Azul: como criar novos mercados e tornar a concorrência irrelevante* (e em 43 línguas diferentes com 3,5 milhões de exemplares vendidos em todo o mundo), vira as bases teóricas da inovação empresarial estratégica de pernas para o ar. Encoraja todos os agentes econômicos a fazer o mesmo – com inovações criativas chamadas "disruptivas" –, investindo em tecnologia, conquistando novos mercados ou mesmo colaborando com outros agentes socioeconômicos.

Esta estratégia provém de uma série de estudos e é consistente com uma série de outras investigações, particularmente as do arquiteto Clayton Christensen (nascido em 1952) e Michael Raynor (nascido em 1967), diretor-geral da Deloitte Services LP. Estratégia a qual sugere uma série de ferramentas para criar um processo sistemático de inovação.

O Instituto de Estratégia do Oceano Azul foi inaugurado em 2007, no campus de Fontainebleau do INSEAD, para examinar o conceito com mais profundidade. Graças ao seu livro, os dois autores receberam inúmeros prêmios e ganharam reconhecimento internacional tanto na esfera dos negócios quanto no mundo do marketing.

Definição do modelo

O modelo do Oceano Azul redefine a forma clássica de representar estratégias de desenvolvimento. Igor Ansoff (1918-2002), em uma das primeiras publicações sobre estratégia empresarial, *Corporate Strategy* (1965), traduzido como *Estratégia Corporativa*; e Michael E. Porter (nascido em 1947), com o seu modelo de cinco forças para a concorrência e cadeias de valor, também fazem parte desta reformulação da estratégia empresarial. Os seus modelos são ainda hoje utilizados em uma série de setores.

Kim e Mauborgne identificam dois tipos de mercados em que os agentes econômicos operam, conforme descrito a seguir.

- Os mercados referidos como **"oceanos vermelhos"** representam mercados saturados. A oportunidade de crescimento é rara porque há tantos interessados envolvidos, lutando ferozmente para aumentar a sua quota de mercado. A cor vermelha refere-se à concorrência, mas também aos fornecedores, clientes e consultores de compras que querem maximizar as suas próprias margens e quotas de mercado ou outras medidas de rentabilidade (por vezes à custa da externalização, fusões, falências, etc.).

- Os mercados referidos como **"oceanos azuis"** representam novos domínios onde as empresas podem desenvolver-se sozinhas, com muito pouca (ou nenhuma) concorrência, graças à inovação radical. Este conceito altera a estrutura do mercado, criando uma quantidade infinita (ou 'oceano') de nova procura. Isto é chamado pelos autores de "inovação de valor" ou, mais amplamente, de "inovação útil".

Distinguindo-se claramente das abordagens clássicas centradas na diferenciação através da qualidade, liderança de custos ou concentração, a estratégia do oceano azul incentiva as empresas a libertarem-se dos parâmetros existentes em termos de oferta e procura e a explorarem outros ambientes onde possam acrescentar novo valor e, assim, assegurar uma posição de liderança.

A TEORIA POR TRÁS DO CONCEITO

Ao diferenciar entre oceanos vermelhos e azuis, Kim e Mauborgne propõem uma análise que reúne estratégia, marketing e inovação.

OCEANOS VERMELHOS VS. OCEANOS AZUIS

Com as suas origens na comercialização, analisar o ciclo de vida de um produto é um método clássico: após o lançamento, vem o crescimento, seguido da maturidade e depois o declínio. Este raciocínio tem em conta o volume de vendas e a duração de vida do produto (quanto mais rápida for a velocidade da inovação, mais curto será o ciclo de vida do produto).

Mas e quanto à rentabilidade atual e potencial? Isto depende da concorrência, que determina os preços, mas também da capacidade da empresa para gerir os seus próprios preços de custo e desenvolver estratégias de penetração, assegurando uma forte cobertura do mercado. Um produto ainda na sua "fase de crescimento" é frequentemente comercializado por numerosos vendedores. É aqui que começa a corrida para reduzir os preços. Isto é precisamente o que Kim e Mauborgne chamam um "oceano vermelho" – um espaço estratégico conhecido onde os interessados aceitam os parâmetros e competem ferozmente uns contra os outros. Já é evidente que uma simples aplicação desta tipologia leva a escolhas estratégicas em termos de gama de produtos e equilíbrio financeiro relacionados à rentabilidade e crescimento a curto, médio e longo prazo.

No contexto econômico moderno, existe um número crescente de oceanos vermelhos, uma vez que a maioria dos produtos está posicionada em mercados maduros. Além disso, a abertura internacional de quase todos os mercados incentiva um número crescente de interessados, o que envolve alguma concorrência, e dificilmente é compensado pelo aparecimento de novos setores econômicos causados pelo progresso tecnológico. Kim e Mauborgne salientam que a teoria tradicional dos negócios ajuda os decisores a sobreviver em um oceano vermelho: concentração no negócio principal, externalização a fim de baixar os preços de custo etc.

A estratégia do oceano azul encoraja os interessados a abandonar os oceanos vermelhos, que não criam valor suficiente, para avançar em direção aos oceanos azuis. Nestes novos espaços estratégicos, qualquer empresa pode desenvolver-se sozinha e, pelo menos durante algum tempo, não será constrangida pela concorrência excessiva e guerras de preços.

MUDANÇA DE OCEANOS USANDO INOVAÇÃO DE VALOR

A chave para passar de um oceano vermelho para um oceano azul é a inovação. No entanto, a inovação baseada puramente na tecnologia não é suficiente. Kim e Mauborgne chamam o processo de divisão radical que leva a um oceano azul de "valorizar a inovação".

Este conceito funciona tanto para as empresas em busca de desempenho econômico quanto para os clientes que precisam estar satisfeitos.

Evidentemente, a inovação descrita pelos dois autores requer a participação dos agentes econômicos, diferenciando-se, desta forma, da abordagem neoclássica tradicional, que considera a inovação como sendo externa. Trata-se de um passo voluntário dado pela empresa, que terá que reavaliar toda a sua abordagem para que a transição seja bem-sucedida. A este respeito, é impulsionada pelos próprios agentes econômicos. Esta abordagem à inovação datam de Jean-Baptiste Say (jornalista e economista, 1767-1832) e continua hoje através de uma série de economistas com ideias muito diferentes, tais como Karl Marx (1818-1883) e Joseph Schumpeter (1883-1950).

O nome "inovação de valor" reflete o objetivo do oceano azul: criar mais valor, tanto para os consumidores, que por sua vez atrairão novos clientes, quanto para as empresas, onde as estruturas de preços serão amplamente redefinidas com o objetivo de mudar os parâmetros do mercado.

REAVALIAÇÃO COMPLETA

O desenvolvimento de uma estratégia para o oceano azul requer um reexame de todas as premissas básicas de um determinado mercado, que os estudos de mercado descrevem através da análise da estrutura existente.

- Se um produto é comprado principalmente por homens, como se pode tornar apelativo para as mulheres?

- Se for distribuído exclusivamente através de terceiros, é possível visar diretamente o cliente final?

- Se for utilizado apenas por peritos, há alguma forma de o popularizar?

A inovação não significa, portanto, aumentos de preços, o que é frequentemente o caso das inovações baseadas na tecnologia. O reposicionamento de um produto no mercado através do aumento do seu público pode levar a um crescimento substancial do número de unidades vendidas, o que depois reduz o preço, dividindo os custos fixos. Além disso, repensar as utilizações de um produto pode permitir que algumas opções ou características que anteriormente eram consideradas essenciais sejam eliminadas, reduzindo assim o preço final. No entanto, a estratégia do oceano azul não conduz automaticamente a uma redução dos preços, mesmo que tal seja frequentemente o caso. Como exemplo, pense em como os computadores suplantaram os *mainframes* do passado, ou como os nossos celulares estão cada vez mais substituindo os telefones fixas.

EXCLUIR, REFORÇAR, REDUZIR E CRIAR

A estratégia do oceano azul envolve "mover o cursor". Uma vez definidos os parâmetros do mercado da empresa, é necessário determinar o que precisa ser reforçado, o que precisa ser reduzido, o que precisa ser excluído e, finalmente, o que precisa ser criado (embora este último fator não tenha sido inicialmente incluído na lista).

Esta abordagem pode ser ilustrada com um exemplo da indústria automobilística. Em 1998, Louis Schweitzer, então proprietário da Renault, anunciou uma inovação radical para o mercado automobilístico: um automóvel de baixo custo. Este empreendimento levou à criação do modelo Logan. Inicialmente destinado aos mercados do leste da Europa, o veículo foi também bem-sucedido na França, que se tornou o primeiro país a importar o Logan, fabricado nas fábricas da Automobile Dacia, na Romênia.

Este sucesso veio de uma estratégia de redefinição de modelos. Em geral, a indústria automobilística envolveu uma corrida em direção aos "melhores": veículos maiores, mais conforto, mais segurança, mais características e, portanto, preços mais elevados. Ao otimizar as sinergias entre os diferentes veículos nas fábricas da Automobile Dacia comprados em 1999, e afastando-se da ideia de um veículo de luxo, a Renault descobriu o segredo do sucesso. O Logan foi comercializado por 4.500 euros nas economias emergentes e 7.500 euros na França, onde os consumidores queriam o menor número possível de opções.

No entanto, o baixo custo não significa qualidade. Embora não tenha um painel de bordo de nogueira, o Logan é extremamente robusto, uma vez que visa mercados onde as condições das estradas estão frequentemente longe do ideal ou onde a manutenção dos veículos está muito menos desenvolvida do que nos países ocidentais.

Do mesmo modo, a Renault separou-se do passado ao não restringir os seus carros menos caros a modelos de pequenas cidades (como o Twingo dos anos 90 ou o Smart car). Com o Logan, a Renault ofereceu um carro familiar com muito espaço no interior e um porta-malas grande.

Ao redefinir a sua estratégia, a Renault atraiu mais clientes do que o esperado: além de atingir o seu mercado alvo nas economias emergentes, o Logan também apelou aos consumidores franceses que, devido aos seus orçamentos apertados, teriam que comprar em segunda mão. O carro de baixo custo capturou a parte do mercado que não se concentra particularmente na aparência do veículo, mas que procura, acima de tudo, um bom equilíbrio entre qualidade e preço.

LIMITES E EXTENSÕES DO MODELO

O rigor científico da estratégia do oceano azul parece questionável em alguns pontos, e alguns acreditam que seria melhor encará-la como uma forma atrativa de colocar em perspectiva os sucessos de certas empresas. Além disso, existe um número praticamente infinito de outras teorias destinadas a compreender as estratégias das empresas de sucesso, tais como o famoso livro de Thomas J. Peters, de 1982, *In Search of Excellence*, traduzido como *Vencendo a Crise*.

ESTRATÉGIA DO OCEANO AZUL: UM GUIA EM VEZ DE UM MÉTODO REVOLUCIONÁRIO?

A Estratégia do Oceano Azul não está sem os seus críticos. Embora ofereça um grande número de exemplos retirados de todos os setores da economia, tornando-a fácil de ler, alguns veem esta vasta gama de referências como uma indicação da relativa fraqueza da teoria. Outros destacam também a abordagem dedutiva utilizada por Kim e Mauborgne que, de acordo com esta crítica, tomaram como ponto de partida uma série de sucessos espetaculares e depois procuraram uma ideia global que os abrangesse. Nesta interpretação, A Estratégia do Oceano Azul é uma leitura retrospectiva e não um método inovador e eficaz para desenvolver uma abordagem criativa do mercado, embora os autores recomendem medidas para passar de um oceano vermelho para um oceano azul. Desta forma, qualquer sucesso comercial poderia ser interpretado como a aplicação, consciente ou não, da estratégia do oceano azul. Os exemplos retirados da história dos negócios, desde Henry Ford (fabricante americano, 1863-1947) a Guy Laliberté (fundador do Cirque du Soleil, nascido em 1959), parecem levar a essa conclusão, uma vez que as pessoas praticaram este método no passado sem o conhecerem.

Do ponto de vista das ciências sociais, existe uma falta de coesão entre os exemplos, o que torna as comparações feitas no livro cientificamente questionáveis. Os pontos de partida de cada uma das empresas utilizadas como exemplo foram semelhantes? Além disso, a situação inicial do oceano vermelho não é descrita no livro, uma vez que não existe um número relativo ou absoluto de intervenientes em um mercado, ou critérios em termos de concorrência que indiquem que uma empresa está entrando em um oceano vermelho. Do mesmo modo, o oceano azul não é mais mensurável, o que pode ter consequências desastrosas se uma empresa entrar no desconhecido, optando pela inovação, sem saber se esta ideia será aceita e apoiada pelos clientes.

A inovação de valor, que está no centro da estratégia recomendada pelos autores, não está suficientemente definida, o que dificulta o seu estabelecimento como um novo conceito. Os próprios exemplos demonstram esta fraqueza. São retirados de vários domínios, nomeadamente marketing, embalagem e publicidade, organização empresarial e inovação tecnológica e científica. A inovação de valor, portanto, poderia ser resumida como uma combinação de valor acrescentado para o negócio e preços mais baixos para o cliente. No entanto, a questão de saber se isto é resultado da inovação tecnológica ou de um melhor posicionamento no mercado permanece sem resposta. O impacto da inovação de valor parece pouco claro, uma vez que este conceito poderia abranger uma revolução a nível do produto, bem como a adoção de uma comunicação mais eficaz com os consumidores.

Alguns críticos também têm reservas sobre o método em si. De acordo com esta linha de pensamento, ao confiar em uma interpretação detalhada da curva de valor, a estratégia do oceano azul não permite inovações revolucionárias, mas conduz apenas a inovações incrementais, o que significa a melhoria dos produtos ou processos existentes. De fato, a abordagem de Kim e Mauborgne baseia-se na utilização do que já existe para imaginar algo novo, enquanto a inovação radical só pode ter lugar se as empresas se afastarem completamente da situação atual. Como veremos mais adiante, os dois autores inspiram-se muito nos clientes existentes e potenciais das empresas para apresentarem a nova oferta. No entanto, algumas inovações, em particular as mais radicais, são encaradas com ceticismo. De fato, a inovação nem sempre recebe aprovação imediata por parte do público. Na sua crítica à Estratégia do Oceano Azul, o consultor em inovação Benoît Sarazin (especialista em "marketing do incerto") assinala que a Nestlé levou 15 anos para fazer com que o Nespresso acompanhasse o ritmo do mercado, e que Guy Laliberté não encontrou sucesso imediato com o Cirque du Soleil. O método não é, portanto, uma receita infalível para o sucesso.

INOVAÇÃO, DA ECONOMIA AOS NEGÓCIOS: MODELOS RELACIONADOS

Embora pretendam aperfeiçoar a teoria da inovação, Kim e Mauborgne seguem inegavelmente os passos de Joseph Schumpeter (1883-1950), o pensador por trás do conceito de destruição criativa. Este economista abordou todos os aspectos da inovação, tanto em termos de organização empresarial para o trabalho e a produção quanto em termos de oportunidades de mercado para os produtos. De forma semelhante, a estratégia do oceano azul leva à destruição (ou pelo menos à redução) de mercados antigos e maduros em favor de mercados recém-criados. Além da teoria do ciclo de vida do produto já mencionada, podemos também analisar o risco de canibalização. Como parte de uma estratégia de marketing para gerir uma gama de produtos, isto pode causar uma redução nas vendas ou na quota de mercado dos produtos existentes, independentemente do setor de atividade. Portanto, é essencial avaliar se o lucro gerado pelo novo produto será maior do que as potenciais perdas nos produtos existentes. O negócio está essencialmente em concorrência consigo mesmo. Contudo, esta canibalização pode revelar-se uma boa estratégia para uma extensão da marca (por exemplo, a Marlboro), uma vez que permite à empresa entrar e beneficiar de um novo mercado. Neste cenário, podemos vislumbrar o sonho do oceano azul.

O oceano vermelho e o oceano azul fazem lembrar os conceitos de inovação histórica e disruptiva apresentados por Michael E. Raynor e Clayton M. Christensen no seu primeiro livro, *The Innovator's Dilemma: When New Technologies Cause Great Firms to Fail* (1997), traduzido como *O Dilema da Inovação: quando as novas tecnologias levam empresas ao fracasso*. De acordo com eles, a inovação em curso melhora os produtos existentes, enquanto a inovação perturbadora elimina a concorrência, criando um novo mercado. Esta abordagem enquadra-se bem na estratégia do oceano azul. A inovação em curso corresponde aos esforços feitos pelos agentes econômicos para sobreviver em um oceano vermelho, enquanto a inovação disruptiva se assemelha às consequências positivas para as empresas que atingiram o oceano azul.

APLICAÇÃO

A estratégia do oceano azul é um método estratégico que envolve várias etapas.

ACONSELHAMENTO E MELHORES PRÁTICAS

Seis perguntas para avançar em direção a um oceano azul

Kim e Mauborgne identificam seis questões centrais ligadas à criação de uma estratégia para o oceano azul, conforme descrito abaixo.

- **Quais alternativas existem no mercado?** Isto implica adotar o ponto de vista de um cliente para determinar as opções disponíveis. Dois produtos diferentes, que os seus produtores podem pensar serem totalmente independentes, podem ser concorrentes devido às intenções de compra do cliente. Por exemplo, as férias e o trabalho em casa são despesas aparentemente sem ligação que, no entanto, têm impacto um no outro: no ano em que uma família está remodelando um quarto na casa, é quase certo que gastarão menos nas férias de verão.

- **Quais são os interesses dos grupos estratégicos envolvidos?** É uma questão de dar prioridade às preocupações fundamentais dos diferentes grupos estratégicos envolvidos. Geralmente, há dois destes: o preço e o desempenho.

- **Como se compõe a cadeia de compradores e consumidores?** Algumas empresas vendem diretamente aos consumidores, enquanto outras vendem através de terceiros. Quebrar esta cadeia pode ser a forma de alcançar um oceano azul. Foi o que a Nespresso fez ao estabelecer a sua própria linha de lojas de ponta em vez de vender as suas cápsulas de café através de redes tradicionais (grandes varejistas alimentares).

- **Quais são os produtos e serviços de cortesia?** Esta questão é importante porque permite às empresas implementar com sucesso a sequência estratégica, prevendo a sequência como um todo. O sucesso da Apple no início dos anos 2000, por exemplo, se deve ao reconhecimento de que o conteúdo (principalmente downloads digitais) era uma oferta vital juntamente com os seus produtos (iPod etc.).

- **Qual é o conteúdo funcional ou emocional do setor?** Acrescentar valor ou, pelo contrário, retirar um produto do seu excessivo peso simbólico, faz parte da procura de um oceano azul. Nespresso, que foi capaz de fazer as suas cápsulas de café parecerem luxuosas, é um exemplo chave disto mesmo.

- **Quais são as principais tendências que determinam o comportamento dos consumidores?** A proteção do ambiente e a procura da realização pessoal são as principais tendências nas sociedades contemporâneas, tornando-as uma fonte essencial de inspiração quando se imagina produtos e serviços do oceano azul.

Estimulação e criatividade: um caminho em 4 etapas

Kim e Mauborgne apresentam, então, um método para aplicar a estratégia do oceano azul dentro de uma empresa. Eles identificam quatro passos-chave que estão descritos abaixo.

- **O despertar visual** envolve o desenho da curva de valores. Para cada critério que compõe a oferta, a empresa traça os seus pontos fracos e pontos fortes em relação à concorrência. Este primeiro passo serve, principalmente, para criar um consenso entre as equipas da empresa, utilizando a representação para enfatizar a necessidade de mudança de modo a criar valor. Também posiciona a empresa em relação aos seus concorrentes. A diferenciação é pronunciada ou inexistente? O caminho que as duas curvas seguem tornará isto claro.

- **A exploração visual** implica ir para o campo para avaliar o potencial inovador a ser desenvolvido. Uma empresa não pode ter um impacto em um mercado se não conhecer os seus consumidores. A consulta regular dos clientes é essencial, mas não é suficiente. O cliente não é necessariamente o utilizador do produto. Como a estratégia do oceano azul procura alargar a base de clientes existente, também vale a pena falar com clientes não relacionados para conhecer os seus hábitos e expectativas.

- **Feiras de estratégia visual**, organizadas entre membros da empresa e participantes externos (clientes, clientes-alvo, parceiros etc.), permitem avaliar a relevância dos critérios da oferta. O objetivo é construir uma estratégia baseada em coisas que não sejam puramente intuitivas e ultrapassar obstáculos internos, tais como a resistência à mudança.

- **A comunicação visual** acontece após a definição da estratégia. A equipe inteira deve ser incluída na revolução da empresa. Da mesma forma que a compreensão dos limites existentes foi tornada visual pela curva de valores, esta fase exige também um diagrama. Isto tornará mais fácil a visualização dos novos objetivos e a aceitação da estratégia do oceano azul por todos, independentemente do seu nível na hierarquia.

Produtos pioneiros, migradores e colonos

Entre as ferramentas apresentadas por Kim e Mauborgne, uma análise dos produtos da empresa provou ser útil para a construção de estratégias. Os autores sugerem que os produtos podem ser classificados em três categorias, as quais estão descritas abaixo.

- Os **colonos** são os produtos que seguem as normas da indústria. Estes produtos ou serviços estão em conformidade com a curva de valor mais atual e as suas perspectivas futuras são muito limitadas nos nossos mercados em rápida evolução. Eles pertencem ao oceano vermelho.

- Os **pioneiros** são os produtos que criam um valor sem precedentes. Espera-se um consumo em massa e um forte crescimento nos próximos anos. Eles representam o oceano azul.

- Os **migradores** situam-se entre as duas categorias anteriores. Embora acrescentem valor para o cliente e para a empresa, não são suficientemente inovadores para permanecerem permanentemente no oceano azul.

Atingir novos clientes

Atrair novos clientes está no centro da estratégia do oceano azul. A fim de sobreviverem em um oceano vermelho, as empresas são obrigadas a reduzir a quota de mercado dos seus concorrentes. No entanto, embora os clientes mudem de uma empresa para outra, a dimensão do mercado permanece inalterada. Em contrapartida, a estratégia do oceano azul procura expandir o mercado, derrubando suas fronteiras, graças à inclusão de clientes de categorias que, até agora, não compraram este tipo de produto ou não utilizaram este tipo de serviço.

Existem três tipos diferentes de não clientes, conforme descrito abaixo.

- Os **não clientes "em breve"** ocasionalmente adquirem os bens ou serviços oferecidos pela empresa, mas estão à espera de uma oferta melhor. Quantos clientes mais existirem, mais frágil será o mercado. Desta forma, a cadeia alimentar britânica Prêt à Manger atrai uma clientela profissional que, anteriormente, ia a restaurantes tradicionais, uma vez que não havia nada melhor disponível.

- Os **"não clientes"**, também conhecidos como "não clientes desdenhosos", segundo Kotler e Keller (2006), nunca utilizam os produtos ou serviços do mercado em estudo, talvez porque se opõem a eles ou porque não os podem pagar. Por exemplo, as pessoas que vivem nos centros das cidades não estão abertas a veículos do tipo 4x4 porque eles têm a reputação de serem muito poluentes e difíceis de estacionar nas cidades.

- Os **não clientes "inexplorados"** não estão imediatamente preocupados com este mercado porque os decisores nunca se deram ao trabalho de os visar. No entanto, podem ser clientes potenciais.

ESTUDO DE CASO: O WII, O OCEANO AZUL DA NINTENDO

Em 2006, a Nintendo lançou o Wii. Este console registrou um rápido crescimento, o que gerou lucros substanciais para a empresa durante vários anos. Enquanto as vendas do console foram muito boas, o sucesso foi mais evidente no que diz respeito aos próprios jogos de videogame. O Wii Sports já vendeu mais de 80 milhões de cópias, muito mais do que os seus concorrentes. A abordagem da Nintendo pode ser descrita como uma estratégia do oceano azul, porque trouxe grandes mudanças na tecnologia e, também, redefiniu as políticas de preços e os limites do mercado.

O Wii de acordo com as seis perguntas da estratégia do oceano azul

- **Quais alternativas existem no mercado?** Em vez de se posicionar em relação aos seus concorrentes no mercado dos jogos de videogame, a Nintendo se interessou pelas atividades de lazer da população. De fato, uma vez que as atividades artísticas e criativas bem como os setores da saúde e fitness têm sido importantes desde os anos 2000, a empresa decidiu criar o seu próprio mercado. Para tal, combinou a sua experiência em consoles com o desenvolvimento de novas utilizações: esporte (o jogo Wii Sports vendeu mais de 80 milhões de cópias), dança, manter a forma física, tocar música etc. Todas estas atividades virtuais são possíveis com a tecnologia do Wii, que se baseia na detecção do movimento em vez do tradicional *joystick*.

- **Quais são os interesses dos grupos estratégicos envolvidos?** Em termos de preço, o Wii foi posicionado abaixo dos seus principais concorrentes, que gradualmente tiveram que se alinhar. Esta estratégia alargou o mercado dos jogos de videogame, visando um público mais antigo e menos cativo. O produto, embora inovador na sua funcionalidade, é de qualidade inferior em termos de alguns dos seus componentes em comparação com os seus concorrentes, o PS3 e o Xbox. Esta redução dos padrões abaixa os preços, limitando ligeiramente as possibilidades tecnológicas, que são menos importantes para um console criado para todas as idades, com jogos menos centrados na velocidade e na alta resolução.

- **Como se compõe a cadeia de compradores e consumidores?** Desde a sua criação no final do século XIX, a Nintendo optou por atingir diretamente os seus utilizadores, sem passar por terceiros, a fim de vender os jogos disponíveis para o Wii. Este tipo de desenvolvimento é possível agora que a utilização da internet se tornou muito mais generalizada. Em 2006, simultaneamente com o lançamento do seu revolucionário sistema de jogos, a Nintendo desenvolveu também a Loja Wii, o que permitiu aos usuários ganharem pontos de fidelidade através das suas compras de jogos.

- **Quais são os produtos e serviços de cortesia?** Dois produtos complementares contribuíram para o sucesso do Wii: acessórios e jogos. O Wii Remote, um controle remoto para o Wii, se comunica com o console via Bluetooth. Equipado com um acelerômetro, transmite os movimentos do jogador para o console: saltos, movimentos laterais, torções etc. Mais tarde, apareceram outros acessórios, incluindo um microfone e uma tablet de desenho, permitindo aos usuários jogar jogos de tabuleiro como o Pictionary no console, visando, desta forma, o mercado familiar. A Nintendo certificou-se, claro, de vender os jogos do Wii mais populares, tais como Mario Bros. e Zelda. Finalmente, fundamental para o seu sucesso, os monitores de ritmo cardíaco e a balança do Wii, que reconhece os movimentos dos pés, podem transformar a casa do jogador em um ginásio, utilizando o console como instrutor. Isto situa o console no meio do caminho entre o jogo e o fitness.

- **Qual é o conteúdo funcional ou emocional do setor?** Os jogos de videogame têm tanto conteúdo tecnológico como cultural. Os desenvolvimentos observados desde os primeiros modelos de console nos anos 70 têm sido enormes e muito rápidos. Vale a pena notar que o Wii já foi substituído por outros produtos. O desenvolvimento assemelha-se ao dos computadores, passando de grandes unidades centrais a dispositivos portáteis e tablet com tela de toque. Contudo, o jogo de videogame também tem ressonância cultural. Por exemplo, os primeiros jogos, muitos dos quais foram produzidos pela Nintendo, tornaram-se pontos de referência para a geração que cresceu nos anos 80. Os mundos de Space Invader, Mario Bros. ou Zelda são uma parte integrante do imaginário coletivo. Jogos mais contemporâneos criam comunidades de jogadores que trocam informações e formam relações virtuais. A Nintendo foi capaz de manter esta forte dimensão cultural através dos seus jogos Wii, mas afastou-se desta cultura tecnológica para alargar a sua oferta. Consequentemente, os jogadores nos seus sessenta não se sentem nostálgicos e sentem falta do mundo de Super Mario. Para os encorajar a comprar um console, é necessário oferecer perspectivas alternativas e colocar mais ênfase na funcionalidade do que na tecnologia. A navegação e exibição no Wii foram consideravelmente simplificadas, colocando o usuário à vontade qualquer que seja o seu nível de conhecimento tecnológico.

- **Quais são as principais tendências que determinam o comportamento dos consumidores?** Nos jogos oferecidos para o Wii, a Nintendo foi capaz de captar as principais tendências nas sociedades ocidentais. O envelhecimento da sociedade, que é mais pronunciado no Japão do que em outros países, inspirou o desenvolvimento deste console, que é mais universal do que os seus concorrentes. O jogo de treinamento cerebral do Dr. Kawashima (nascido em 1959) também teve um sucesso considerável, impulsionado pela procura por parte dos clientes mais antigos. O desenvolvimento pessoal e a autoexpressão através da criatividade e do corpo são ambas aspirações importantes na sociedade contemporânea. Durante vários anos, o Wii foi capaz de capitalizar estas tendências, oferecendo um novo produto que proporcionou mais valor para o cliente – um console que permite aos usuários manterem-se física e mentalmente em forma – com baixos custos de produção. Desta forma, a Nintendo conseguiu gerar lucros com o Wii, e não apenas através da venda de jogos. Entretanto, alguns dos seus concorrentes tiveram menos sucesso, e foram forçados a vender os seus consoles com prejuízo e a recuperar o atraso através de produtos e serviços relacionados.

O Wii e os seus três tipos de não clientes

O sucesso do Wii é o resultado de uma excelente análise de não clientes que diminuiu as fronteiras do mercado. A Nintendo poderia ter se contentado em lutar para ganhar e manter uma vantagem tecnológica ou de custos, o que lhe permitiria aumentar a sua quota de mercado. No entanto, este avanço teria, provavelmente, sido apenas temporário, uma vez que os concorrentes teriam sido rápidos a responder. Por conseguinte, não lutaram por não clientes "em breve", ou seja, aqueles que podem passar de um fornecedor para outro, dependendo dos produtos e serviços que oferecem.

A Nintendo conseguiu atrair os clientes "recusados", apesar de, tal como a televisão há alguns anos, os jogos de videogame gerarem controvérsia, visto que são acusados de criar dependência entre os jovens e de os habituar a uma violência extrema. No entanto, é difícil nivelar esta crítica no Wii Sports, que permite aos usuários praticar tênis ou boliche na sua sala de estar. Este jogo vendeu 80 milhões de unidades, tornando-o o jogo de videogame mais comprado na história, ultrapassando até mesmo Super Mario Bros. que, em comparação, vendeu apenas 40 milhões de unidades.

Finalmente, a Nintendo atraiu clientes "inexplorados", que nunca tinham explorado o mundo dos jogos. Os usuários que não são particularmente apaixonados por gráficos ou tecnologia, incluindo adultos e idosos, encontraram algo no Wii para relaxar e entreter. Este fenômeno teria parecido impensável alguns anos antes.

Em 2012, a Nintendo tentou repetir o seu desempenho ao lançar o Wii U, que se destinava a substituir o Wii. Infelizmente, parece que o ambiente tinha se desenvolvido muito em seis anos, particularmente através da utilização de tablets com tela sensível ao toque e

celulares. Agora, o acesso aos jogos está tão generali-
zado que menos pessoas utilizam consoles, os quais,
normalmente, destinam-se a um público menor de
entusiastas. O que o futuro reserva a esta empresa
inovadora?

RESUMO

- A estratégia do oceano azul é um novo modelo de gestão empresarial orientado para o desempenho.

- Em um mundo cada vez mais competitivo, as empresas se desgastam tentando ganhar vantagem sobre os seus concorrentes, o que tem levado a um número crescente de falências.

- Esta estratégia inovadora, teorizada por W. Chan Kim e Renée Mauborgne, professores do INSEAD, descreve como as empresas podem se libertar da concorrência feroz nos mercados do "oceano vermelho", encontrando mercados do "oceano azul" onde é possível se desenvolver sozinhas (durante algum tempo).

- A metáfora dos oceanos vermelhos (setores com forte concorrência) e azuis (nichos de mercado com pouca concorrência) permite-nos descrever o mercado como um todo.

- A mudança de um oceano vermelho para um oceano azul é feita através da inovação de valor, o que aumenta o valor de utilização para o cliente e, ao mesmo tempo, melhora o modelo econômico do negócio. Isto também pode levar a uma redução nos preços de venda.

- A estratégia do oceano azul baseia-se em parâmetros de mercado em movimento, reexaminando os valores e crenças da empresa e atraindo clientes que, anteriormente, não estavam familiarizados com este mercado, através da alteração dos métodos de posicionamento e distribuição.

- Em períodos de incerteza financeira e de grande preocupação com a redução de custos, é importante colocar na mesa os riscos financeiros e técnicos ligados ao mercado. De fato, é difícil para a mente humana se afastar do que já existe para imaginar algo completamente novo, nomeadamente novas ideias radicais que os economistas chamam inovações disruptivas. É, portanto, impossível prever a forma como os consumidores irão reagir.

- Finalmente, embora a estratégia do oceano azul saliente a importância da inovação e da criação de mercado, que são altamente relevantes no contexto atual, não explica o motivo de tão poucas empresas utilizarem esta abordagem. De fato, a maioria das empresas limita-se a trabalhar na otimização dos seus serviços e produtos existentes.

LEITURA ADICIONAL

BIBLIOGRAFIA

Cazals, F. (2009) Stratégie Océan bleu de la Wii. *Stratégies innovantes*. [Online]. Acessado em 23 de maio de 2014. Disponível em: <http://cazals.fr/strategie-ocean-bleu-de-la-wii/>

Déméter et Kotler. (2012) *Océan bleu et océan rouge*. [Online]. Acessado em 23 de maio de 2014. Disponível em: <http://demeteretkotler.com/2012/07/11/ocean-bleu-ocean-rouge/>

Site do *INSEAD Blue Ocean Strategy Institute*. Disponível em: <http://www.insead.edu/blueoceanstrategyinstitute/home/index.cfm>

Kim, W. C. e Mauborgne, R. (2015) *Blue Ocean Strategy: Como criar um espaço de mercado não contestado e tornar a competição irrelevante*. Brighton, Massachusetts: Harvard Business Publishing.

Kotler, P. e Keller, K. L. (2015) *Marketing Management*. Harlow, Essex: Pearson Education Limited.

Roland, O. (2010) Stratégie Océan Bleu. *Des Livres pour changer la vie*. [Online]. [Acessado em 23 de maio de 2014]. Disponível em: <http://www.des-livres-pour-changer-de-vie.fr/strategie-ocean-bleu/>

Sarazin, B. (2013) Pourquoi la méthode Blue Ocean ne suffit pas. *Le blog de l'innovation de rupture*. [Online]. Acessado em 23 de maio de 2014. Disponível em: <http://benoitsarazin.com/francais/2013/10/methode-blue-ocean-suffit-pas.html>

Tabatoni, P. (2005) *Innovation, désordre, progrès*. Paris: Economica.

Timos, L., Ghoggal, M. e Poubady, B. (Sem data) Analisar o marketing estratatégique: Nintendo Wii. *Laurent Timos*. [Online]. Acessado em 23 de maio de 2014. Disponível em: <http://www.laurent-timos.esy.es/mes-projets/dut-src/>

Queremos ouvir você!
Deixe um comentário sobre a sua biblioteca online
e compartilhe os seus livros favoritos nas redes sociais!

IMPROVE YOUR GENERAL KNOWLEDGE

IN THE BLINK OF AN EYE!

www.50minutes.com

A editora assegura a fiabilidade da informação publicada, a qual, no entanto, não poderia assumir a sua responsabilidade.

Mestre ISBN: 9782808065535
Papel ISBN: 9782808065825
Depósito legal: D/2022/12603/111

Desenho digital: Primento,
o parceiro digital dos editores.